手から生まれるかわいいもの…

この本は、折り紙などの工作でよく使う技から、布や毛糸を使った手芸の技まで、いろいろな作り方がのっています。紙やモール、フェルトなどのみぢかな素材で、季節に合わせた手作りにチャレンジしてみてね。ミシンなしで、かわいいものがいっぱい作れるよ！

ミシンなしでかんたん！

季節の手芸 夏

C·R·K design

旬のくだもの、七夕飾り、お祭りのきんちゃくなど
夏が楽しく過ごせる手作りがいっぱい！

理論社

もくじ contents

HANDICRAFTS IDEA BOOK FOR KIDS

★初級★ 切る+貼るで作るもの

1

モールで作る
動物のえんぴつキャップ
…4…

2

フェルトで作る
オレンジミラー
…9…

3

ペーパークラフトで作る
七夕飾り
…12…

★中級★ 切る+貼る+道具で作るもの

4

ステンシルで作る
バッグとTシャツ
…18…

5

麻ひもで作る
空きびんデコレーション
…22…

6

ペーペーマッシュで作る
雑貨小もの
…26…

まずは、切ったり貼ったりするだけの「初級」に挑戦してみよう。なれてきたら道具を使う「中級」、そして最後に針を使って「ぬう」技などが入った「上級」にチャレンジして！

ミシンなしでかんたん！
季節の手芸 夏

上級 切る+貼る+ぬう・編むで作るもの

7

麻糸（ヘンプ）とビーズで作る
マクラメ・ブレスレット
…30…

8

手ぬいで作る
夏祭りのきんちゃく
…34…

9

リボン＆ビーズで作る
Tシャツリメイク
…41…

パターン（型紙）　手ぬいのきほん…巻末

  夏の暮らしを楽しもう！

梅雨が終わって本格的な暑さがやって来ると、夏休みが始まります。自由研究にぴったりの、紙を使った工作や、七夕や花火大会に合わせた小物づくりにチャレンジしてみて！

6月 水無月
「水無月」の由来にはいくつか説があり「田植えにたくさんの水が必要だったので、水の月という意味がある」ともいわれます。雨の多い時季なので、室内でいろんな手作りを楽しんで。

7月 文月
「文月」は「七夕月」という別名があり、七夕が行われる月です。町をあげて盛大に七夕祭りをする地域も。花火大会なども各地で開かれるので、お祭りに合わせた小物作りにも挑戦してね。

8月 葉月
「葉月」は「稲張り月」が「張り月」になり、「はづき」になったとの説も。麻はこのころ刈り取られ、糸やひも、布が作られます。通気性がよく夏服にぴったりの麻は手芸素材としても大活やく！

モールで作る 動物のえんぴつキャップ

まいてねじって自由に形が作れるモールで、ペンケースをサファリパークに！
耳を三角にしたり、目の色を変えたり……いろいろな動物にアレンジしてね。

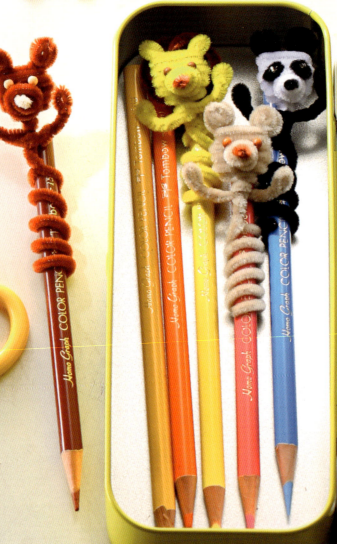

Seasonal handicrafts for Kids

design : Kumiko Suzuki

用意するもの

右の材料は茶色いクマが1個できる分量。そのほかは、P.8を見てね！

まずは茶色のクマを作って、きほんの作り方を覚えてね！

Start! 動物のえんぴつキャップの作り方

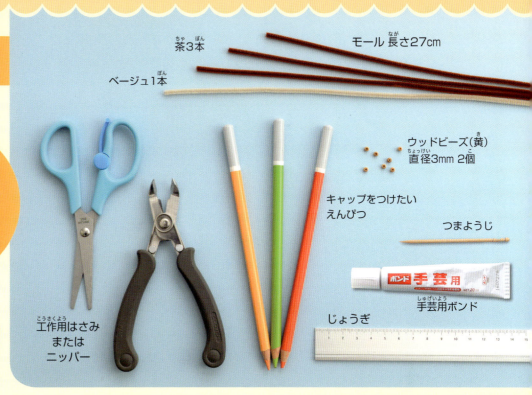

茶3本
ベージュ1本
モール 長さ27cm
ウッドビーズ(黄)
直径3mm 2個
キャップをつけたいえんぴつ
つまようじ
手芸用ボンド
じょうぎ
工作用はさみまたはニッパー

1 8の字形の輪を作って折り、耳を作る

❶ 1本めのモール(茶)の★の位置を合わせてねじり、輪を作る。

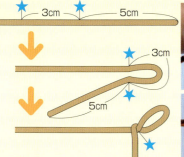

❷ 輪の先を5mmつまんで、8の字形にねじる。

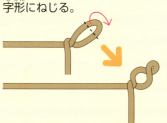

❸ 上の小さな輪を、下の輪の中に折りこむ。耳が1つ完成。

❹ 1cmはなして、同じように★を合わせて耳を作る。

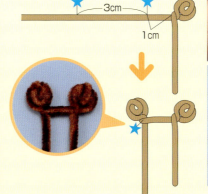

Seasonal handicrafts for Kids

2 顔のりんかくを作り、モールをまきつける

① 左右に残ったモールで、直径2cmの輪を作ってねじる。

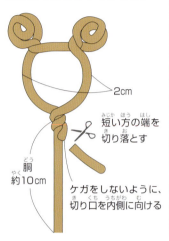
- 2cm
- 短い方の端を切り落とす
- 胴約10cm
- ケガをしないように、切り口を内側に向ける

② 2本めのモール（茶）の端を5mm折って輪に引っかけ、①の輪をくるむようにまく。

すき間なく、きっちりまいて！

③ 輪がかくれたら、根元に2～3回まきつけ、端を切り落とす。

3 手をつける

約4cm

① 3本めのモール（茶）を10cmに切り、首に2回きつくまきつける。
★左右が同じ長さになるようにまく。

② 左右のモールを、それぞれ半分に折る。

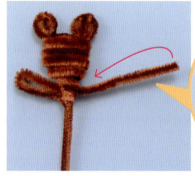

③ 手のつけ根とモールの端を一緒に押さえて2～3回ねじり、さらに折り山をつまんで3～4回ねじる。

折り山をつまむ

さらに3～4回ねじるよ

4 胴体用のモールをつぎ足す

3本めのモールの残り(約17cm)を胴にそえて、2〜3回きつくねじってとめる。胴の端を切り落とす。

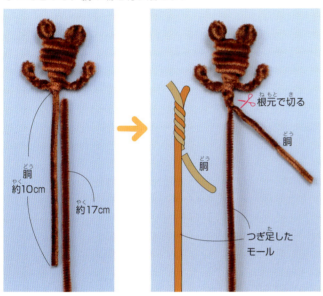

5 えんぴつにまきつける

① 手のつけ根から5mmのところをえんぴつにまいて輪を作る。いったんはずして、輪のつけ根を2回ねじる。

② 輪にえんぴつをはめて、残りのモールをえんぴつにまきつける。

6 顔のパーツを作って貼る

① ベージュのモールを1cmに切って半分に折る(鼻になる)。

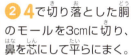

② 4で切り落とした胴のモールを3cmに切り、鼻を芯にして平らにまく。

③ ②のウラにボンドをつけて顔に貼り、ウッドビーズの目をバランスよく貼る。

★ビーズの穴につまようじを差しこんで持つと、貼りやすい。

★ビーズの穴が上に向かないように注意。

できあがり

Seasonal handicrafts for Kids　7

ちょっとアレンジ 色を変えて
しろくろパンダ

① 黒のモールで、耳・顔のりんかくを作り、白のモールをまきつける。

② 手・胴体を黒のモールで、きほんのクマと同じように作る。

③ 目は1.5cmに切った黒のモールをまいて、中心に丸小ビーズ(銀)を貼る。

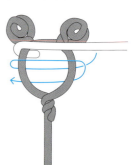

1.5cm

丸小ビーズ

④ きほんのクマと同じように、黒のモールを白でまいて、鼻を作る。

パンダの材料
モール(黒)3本・(白)1本、
丸小ビーズ(銀)2個

陽気なライオン たてがみつけて

① 耳・顔・手・胴体を、黄色(鼻先は茶)のモールで、きほんのクマと同じように作る。

② たてがみは、えんぴつに茶のモールを6回まいて、あまったモールを切り落とす。

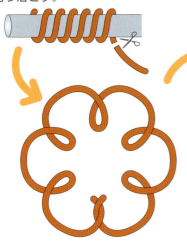

ウッドビーズ(茶)

③ 両端をねじって輪につなぎ、形を平らに整えて、ボンドで頭の後ろに貼る。

ライオンの材料
モール(黄)3本・(茶)1本、
ウッドビーズ(茶)直径3mm 2個

フェルトで作る オレンジミラー

元気いっぱい夏らしいビタミンカラーのフェルトで、カバーする手かがみ。かがみがない場合はコースターにも使えるよ。

レモン

ライム

オレンジ

型紙と使用したフェルトの色番号については巻末参照。

design：Kumiko Suzuki

Seasonal handicrafts for Kids　9

用意するもの

- フェルト（18×18cm）
- マーブル オフホワイト（01）
- ボタン 直径5mm
- プリント布
- 筆
- イタリアンカラー オレンジ（04）
- 丸型かがみ 直径8cm
- チャコペン
- イタリアンカラー こいピンク（06）
- 布用はさみ
- 工作用はさみ
- フェルト用ボンド

★丸型かがみは、手芸材料用を使おう。

★消えるタイプのチャコペンを使い、印をつけた面にボンドをつける。

★フェルト用のボンドを使おう。

※フェルト：サンフェルト・ミニー厚さ2mm。（00）は色番号。

Start! オレンジミラーの作り方

1 型紙を作る

型紙にうすい紙（コピー用紙やトレーシングペーパーなど）を重ね、えんぴつやボールペンでなぞって写し、切り取る。

型紙は巻末を見てね！

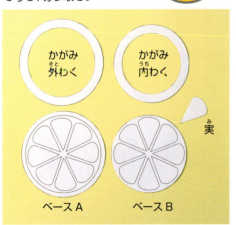

かがみ外わく／かがみ内わく／ベースA／ベースB／実

2 フェルトとプリント布に印をつける

オレンジ：ベースA／実（7枚）／かがみ内わく

プリント布：実（1枚）／ウラ

型紙をフェルトやプリント布にのせ、チャコペンでなぞって印をつける。

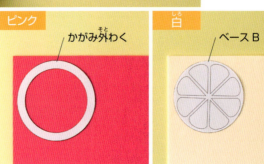

ピンク：かがみ外わく／白：ベースB

★自然に消えるものや水で消せるものなど、書いた印が消せるチャコペンを使おう。

3 フェルトと布を切る

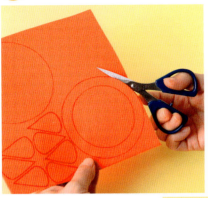

❶ 印の線にそって、はさみで切る。

❷ かがみ内わく・外わくは、内側の線を切りぬく。

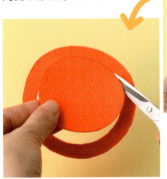

★ 先のとがったはさみで小さく切りこみを入れ、刃先を差しこむと切りやすい。

パーツが切れたよ！

かがみ外わく ／ かがみ内わく ／ ベースA ／ ベースB ／ 実

★ コースターにする場合は、わくは切らずに、ベースAとBに実を重ねればできあがり。

4 ベースを貼り合わせ、実と種をつける

❶ ベースBにボンドをつけて筆でのばし、中心を合わせてベースAと貼り合わせる。
★ ボンドは全体に、端までしっかりのばす。

❷ ベースBに、写真のように実のパーツをのせて位置を決め、ボンドで貼る。

ボタンはつけなくてもOK！

❸ 好みで実の中心近くに、ボタンを2〜3個貼る。

5 フェルトのわくとかがみを貼る

❶ かがみ外わくにボンドをつけ、ベースAのウラに貼る。

❷ かがみのウラにボンドをつけ、外わくにはめこんで貼る。

❸ かがみ内わくにボンドをつけ、かがみのふちをかくすように貼る。

できあがり

Seasonal handicrafts for Kids

初級 3

切る+貼るで作るもの Handicrafts

ペーパークラフトで作る
七夕飾り

紙の貼り方を変えると、とがったりふくらんだり…。筒状の芯に、切りこみを入れた紙を3枚重ねて貼るだけで、ちょうちんオーナメントに！

Seasonal handicrafts for Kids

design：Takako Koizumi

用意するもの

トイレットペーパーの芯は、それぞれ大きさが違うのでサイズをはかっておこう！

★写真は「きほんA」1個分の材料です。短冊や星をつける場合は、べつに柄のついた折り紙や、和紙を用意してね。

★材料と作り方は、A〜Eの5種類あるから注意。はじめに作るものを決めたら、それぞれの材料の必要な分量を計算しよう！

- 色画用紙（A4サイズ）
- 折り紙（15×15cm）
- つるし糸（ヘンプ細）
- トイレットペーパーの芯（直径約4cm 長さ約10.8〜11.5cm）
- 両面テープ 1cm幅
- 厚紙
- スティックのり
- 色えんぴつ
- カッター
- 目打ち
- じょうぎ・メジャーなど
- 紙用はさみ（先のとがったもの）

季節のマメ知識

七夕

天の川をはさんだ両岸にある牽牛星と織女星が、年に一度7月7日の夜だけ会えるという「七夕伝説」にちなんだ、星を祭る行事です。奈良時代ごろから行われ、江戸時代に一般化したようです。笹竹を立て、五色の短冊に願い事を書いてつるし、星に祈る習慣があります。地方によってさまざまな風習があります。

仙台七夕：igagurikun／PIXTA

Seasonal handicrafts for Kids

Start! きほんAの飾りの作り方

トイレットペーパーの芯に3枚の紙を貼る

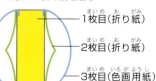

- 1枚目(折り紙)
- 2枚目(折り紙)
- 3枚目(色画用紙)
- トイレットペーパーの芯

1 芯に1枚目の紙を貼る

❶ トイレットペーパーの芯を折り紙にのせ、長さの印をつける。
★折り紙よりもこい色えんぴつを使う。

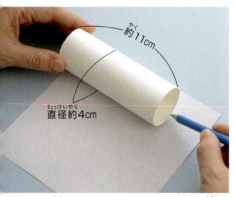

約11cm / 直径約4cm

❷ 芯をころがして、2〜3か所に印をつけたら、じょうぎで印をつないで線を引く。

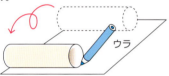
ウラ

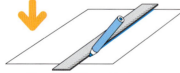

❸ ②の線を切り、短い2辺に両面テープを貼り、芯に貼る。

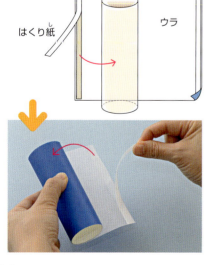
はくり紙 / ウラ

2 2枚目の紙に切りこみを入れ、土台に貼る

❶ 15cm角の折り紙の1辺を3cm切り、12×15cmにする。上下半分に折って中央に折り目をつけ、紙を開き、色えんぴつで図の青線のように印をつける。

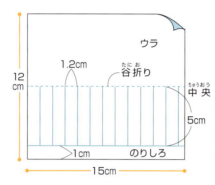

ウラ / 12cm / 1.2cm / 谷折り / 中央 / 5cm / 1cm / のりしろ / 15cm

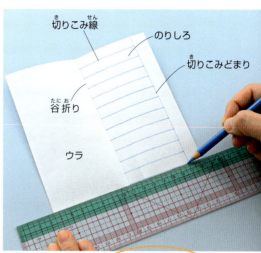

切りこみ線 / のりしろ / 切りこみどまり / 谷折り / ウラ

❷ もう一度半分に折り、折り目から切りこみどまりまで、はさみで切る。

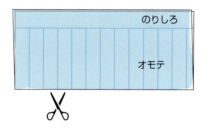
のりしろ / オモテ

うすい色の折り紙にこい色えんぴつで書くと印がすけて見えるよ

オモテ / 切りこみどまり

❸ のりしろ(1cm)に両面テープを貼り、芯の両端に合わせてぐるりと1周貼る。

1枚目のまき終わりに合わせる / 折り目がうく

★端を合わせて、クルクル回しながら貼る

まき終わりは、切りこみ1本分重ねる

あまったところは切り落とす

14　Seasonal handicrafts for Kids

3 3枚目の紙に切りこみを入れる

❶ 図のサイズに切った色画用紙のウラに、色えんぴつで青線のように印をつける。
★ふくらみを大きくしたいときは、たてを1cmほど長くする。

❷ のりしろ部分を残して、カッターで切りこみを入れる。

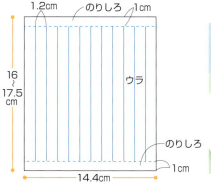

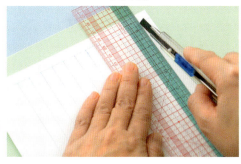

5 つるし糸をつける

❶ 厚紙を下の図の大きさに切り、中央に目打ちで穴を開け、つるし糸(ヘンプ細)を通す。

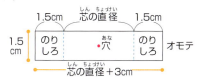

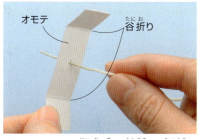

❷ P.16〜17の配置図を参考に、必要な長さに糸を切る。糸を厚紙のウラに出し、2〜3回糸をからめて玉結びを作る。
★玉結びがぬけてしまう場合は、からめる回数をふやし、結んだところをボンドで固める。★玉結びは巻末参照。

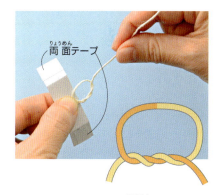

4 芯に貼る

❶ のりしろに両面テープを貼って折り目をつける。

❷ 切りこみ4本のところで、切りはなしておく。それぞれ、しっかり折り目をつける。

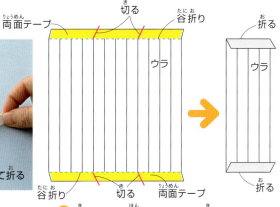

❸ 上側の両面テープを芯の内側に折りこんで貼る。次に下側の両面テープも丸みをつけて貼る。
★上を貼っている時は、下のはくり紙ははがさないで残しておこう。

❹ 同じようにあと2枚もすき間なく貼っていく。

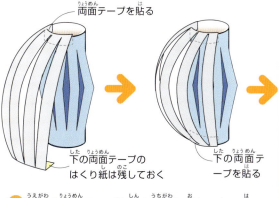

❸ のりしろ(ウラ)に両面テープを貼り、芯の内側に貼る。

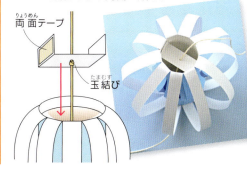

Seasonal handicrafts for Kids 15

アレンジ

B **C** の1枚目と2枚目はきほんと同じ！

配置図

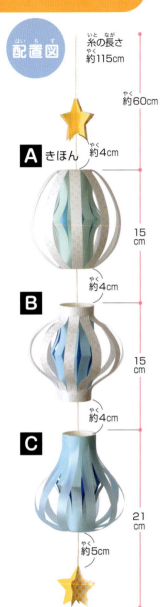

糸の長さ 約115cm
約60cm
A きほん　約4cm
15cm
約4cm
B　15cm
約4cm
C　21cm
約5cm

数字は参考サイズ。
バランスよく
好みの長さに仕上げる

B

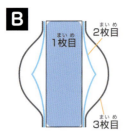

1枚目／2枚目／3枚目

❶ P.14の❶～❷と同じように1枚目と2枚目の折り紙を貼る。

❷ 3枚目の色画用紙を、右図のサイズに切る。

【3枚目】
1.2cm／切りこみどまり／のりしろ1cm
14cm／ウラ／のりしろ1cm
15cm／切りこみどまり

❸ のりしろに両面テープを貼る。
★折り目はつけないので注意。

❹ 上側の両面テープを貼ってから、下側の両面テープのはくり紙をはがして貼る。

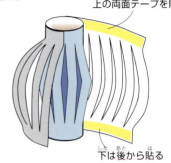

上の両面テープを貼る／下は後から貼る

★上を貼っている時は、下のはくり紙ははがさないで残しておこう。

C

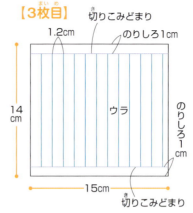

3枚目／1枚目／2枚目

❶ 3枚目の色画用紙を、右図のサイズに切る。

❷ のりしろに両面テープを貼る。下側だけ折り目をつけ、切りこみ4本のところで、切りはなしておく。

【3枚目】
1.2cm／切りこみどまり／のりしろ1cm
15cm／ウラ／のりしろ1cm
切りこみどまり
15cm

↓

両面テープ
谷折り／切る／両面テープ

外側に貼る（折りこまない）
内側に貼る（折りこむ）

❸ 上側の両面テープを外側に貼る。次に下側の両面テープを芯の内側に折りこんで貼る。
★上を貼っている時は、下のはくり紙ははがさないで残しておこう。

短冊の作り方

❶ 短冊の土台になる折り紙と、ねがい事を書く和紙を下図の大きさに切る。

❷ 糸端をはさんで折り紙2枚を貼り合わせ、中央に和紙を貼る。

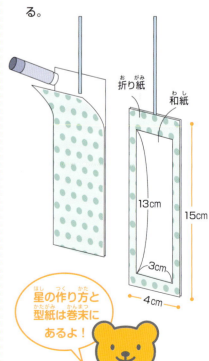

折り紙／和紙
13cm／15cm
3cm／4cm

星の作り方と型紙は巻末にあるよ！

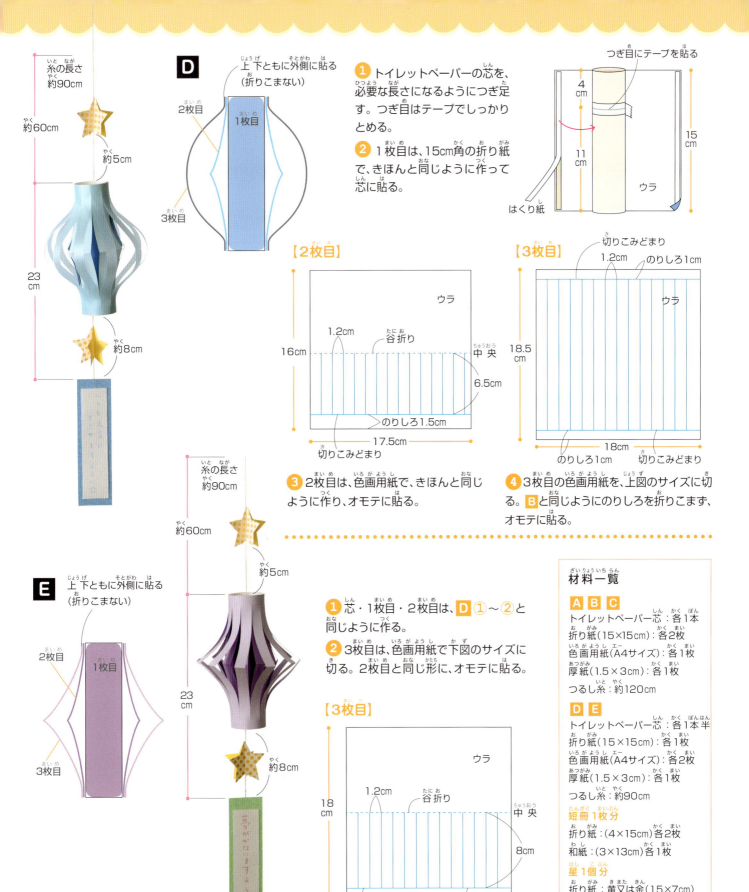

ステンシルで作る バッグとTシャツ

切る+貼る+道具で作るもの 中級 Handicrafts 4

厚紙を切りぬいた型で、夏のくだもの・パイナップルを染めてみよう。
スポンジでポンポンたたいて色を重ね、きれいなグラデーションに。

● **ステンシルとは**
絵や文字を切り抜いた型紙を紙や布に当て、ペイントをスポンジや筆でたたいて色付けする技法。

季節のマメ知識

夏のくだもの
パイナップル

晩夏の季語でもあるパイナップルは、夏を代表するくだもの。松ぼっくり（パイン＝英語で松）のような見た目から、パインアップルという名前で呼ばれるようになりました。

18 Seasonal handicrafts for Kids　　design：Kumiko Suzuki

用意するもの

★洗たくするものに描く場合は、絵の具に「布用メディウム」を混ぜると、色落ちやひび割れがしにくくなるよ。

★アクリル絵の具がない場合は布用の絵の具を購入しよう。

★スポンジは使う色の数だけ用意して。

アクリル絵の具 オレンジ・緑・黄
紙皿(パレット)
マスキングテープ
厚紙
ボールペン
えんぴつ（2Bくらいのやわらかい芯）
スポンジ1個（3等分に切る）
ボール紙
紙用はさみ
アイロンと当て布
帆布のトートバッグやTシャツ

★木や缶、びんなどにも色付けできて、自分だけのオリジナル模様が楽しめるよ。素材によって使うペイントが異なるので注意してね。

●布用メディウムについて
アクリル絵の具に布用メディウムを混ぜておくと、のびがよく定着しやすい。アクリル絵の具が固くなってしまった場合は、水でうすめずに布用メディウムを使う。入れすぎると水っぽくなってしまうので注意。

●布に適している絵の具について
アクリル絵の具がないときは、布用の絵の具やステンシル用ペイントを購入しよう。絵の具によっては、アイロンしなくても大丈夫なものもある。それぞれ使い方が違うので、始める前に説明書をよく読んでね！

●洗たくのときの注意
ステンシルしたバッグやTシャツを洗う時は、ウラ返してネットに入れて、洗剤は少なめにして、他のものと一緒に洗うのはやめよう。洗たく後は陰干しをすると、色柄が長持ちするよ。

実物大図案

★100％でコピーして使用。うすい紙を重ねて写してもOK。

★ステンシルした布をピンキングばさみでギザギザに切り、色画用紙に貼って、カードにアレンジ。

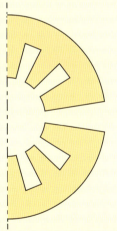
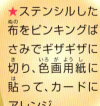

Seasonal handicrafts for Kids　19

ステンシルの作り方

Start!

1 ステンシルの型を作る

❶ P.19の図案をコピーし、ウラ側からりんかく線の部分をえんぴつでぬる。
★図案は中央線を切っておく。
★トレーシングペーパーなど、うすい紙を重ね、りんかく線をなぞってもOK。

❷ 12×15cmに切った厚紙をたて半分に折り、図案を重ねてテープでとめる。図案のりんかく線をボールペンでなぞると、えんぴつのこながついて、図案が厚紙に写る。

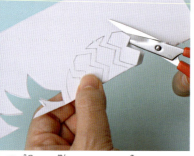

❸ 写った線をはさみで切り、ステンシルする部分を切りぬく。開いたら、ステンシル型のできあがり。
★鋭角で細かい図案なので、切りすぎないように、はさみをこまめに動かす。

2 位置を決めて、型を貼る

❶ ステンシルする位置を決め、布に型をのせてマスキングテープでとめる。

❷ 内側にポケットのあるバッグや、Tシャツなどの絵の具がしみこみやすいうすい布にステンシルする場合は、布の間にボール紙をはさむ。

ステンシルのきほん

❶ スポンジのかたい面が内側になるように、半分に折って持つ。

❷ 紙皿に絵の具を出し、スポンジにつけてなじませる。
★布用メディウムを使う場合は、この時に絵の具に混ぜておく。

❸ いらない紙や布にポンポンとたたきつけ、よぶんな絵の具を落とす。

★布につく絵の具がかすれてきたら準備OK！ 絵の具がべったりつく時は、さらに数回たたいて落とす。

20　Seasonal handicrafts for Kids

3 スポンジでベースの色をつける

うすい色からつけるよ！

かすれたように全体に絵の具がむらなくつけばOKだよ！

スポンジに黄色の絵の具をつけ、全体を軽くたたいて着色する。
★マスキングテープを一部はがして、型がずれないようにめくり、絵の具のつき具合をたしかめる。

4 実のふちをぼかすように、2色目をつける

新しいスポンジにオレンジ色の絵の具をつけ、実のふち部分を軽くたたく。ふちの色がこくなって、立体感がでる。

5 葉っぱの色をつける

① 新しいスポンジに緑の絵の具をつけ、葉っぱ全体を軽くたたいて、うすくなじませるように着色する。

② 葉の先だけをたたき、色を重ねてこくする。
③ 輪切りのパイナップルも、同じようにステンシルする。

6 アイロンをあて、定着させる

ステンシルした部分に当て布を重ね、アイロン（中温）を当てて、定着させる。スチームは使わない。

アイロンを使うときはやけどに注意！

★少しずつずらしながら、布を焦がさないように注意して、2〜3分ほどアイロンする。熱処理をしっかりやっておくとよく定着する。

できあがり

Seasonal handicrafts for Kids

5 中級
切る+貼る+道具で作るもの Handicrafts

麻ひもで作る空きびんデコレーション

荷造り用の麻ひもを両面テープやボンドで貼りつけ、家にある空きびんをデコレーション。大小のうずまきもようで、バリエーションを楽しんで。

季節のマメ知識

夏の季語　麻

夏の終わりに収穫される麻は、「晩夏」を表す季語。ひもや糸、布などさまざまな素材に加工されてきました。お盆には、麻の茎（おがら）で迎え火・送り火を焚きます。

22　Seasonal handicrafts for Kids　　design：Takako Koizumi

用意するもの

きほんの作り方はP.24にあるよ！

★麻ひもは、ホームセンターや文具店、100円ショップで売っている荷造り用のものならなんでもOK！
★木工用ボンドを使っているので、できあがった後は、麻ひもをまいた部分を水にぬらさないように気をつけて！

はさみ / フタつきのジャムなどの空きびん / マスキングテープ / 木工用（速乾性）ボンド / 両面テープ 1～1.5cm幅 / 麻ひも / じょうぎ / えんぴつ

★麻ひもをまいたびんには、ジャムなどの生ものは入れないように注意！アメや包んであるチョコレートなど、乾いたものを入れよう。

ちょっとアレンジ ひと工夫
空きびんに持ち手をつけてみよう！

❶ 50cmの麻ひもを2本用意する。それぞれ二つ折りにして、びんにかけて1か所テープでとめる。

❷ 残りの3本を交差させて、約9cmほど三つ編みをする。

❸ 2cm幅でびんにボンドをつける。テープでとめていた1本を、ボンドの上にまき、ひも端にボンドをつけてしっかり固定する。

❹ 三つ編みの下の3本をびんにまき、しっかり結ぶ。

❺ 2cm幅でびんにボンドをつけ、別の麻ひもでまきながら、貼りつけていく。★ボンドは乾くと透明になるのではみ出したら麻ひもの上に塗る。

❻ まき終わりの麻ひもにボンドをつけてしっかり固定する。余分な麻ひもは切って、しっかり乾燥させる。

❶ テープ / 50cm×2本　❷ やく9cm　❸ 約2cm

❹　❺　❻ はみ出しても気にしない！ やく2cm

Seasonal handicrafts for Kids

ジャムびんのデコレーション

1 びんの上下に、両面テープで麻ひもをまきつける

❶ 空きびんの下部に、麻ひもをまく幅で両面テープを貼る。

下部

❷ 両面テープのはくり紙をはがし、麻ひもをすき間なくまきつけて貼る。
★麻ひもが重ならないように注意！

❸ 麻ひもをまきつけた部分を手で押さえ、しっかり貼る。まき始めと終わりにボンドをつけて固める。

❹ びんの上部（入れ口下のくぼみ）の4か所に、約5mm幅に切った両面テープを貼り、麻ひもを2周まきつける。

上部

❺ まき始めと終わりにボンドをつけて固める。

★びんの大きさによって、うずまきの大きさを変える。

2 うずまきもようを作って貼る

❶ 麻ひもを26cmに切り、端から3〜4周平らにまき、うずまきを作る。
★まく前に、かりどめ用マスキングテープを2cmに2枚切っておく。

うずまきの中心からまく

オモテになる面にテープを貼ってかりどめ
約1.5cm

❷ 反対側の端から逆方向にまき、マスキングテープでかりどめする。

貼る

❸ うずまきにボンドをつけてびんに貼り、乾いたら静かにテープをはがす。
★同じようにしてうずまきを4個作り、バランスよく貼る。

3 ふたに三つ編みの飾りをつけ、端をかくすように麻ひもをまく

① 15cmに切った麻ひも3本を、マスキングテープで固定し、三つ編みする。

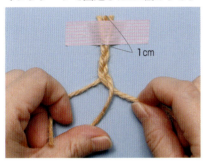

② 編み終わりをボンドで固め、端を1cm残して切る。

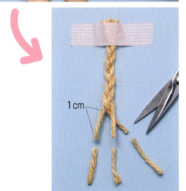

★飾りは取れやすいので、持たないようにしてね！

③ ふたに両面テープを貼り（2か所）、三つ編みの両端を貼って飾りをつける。

④ 飾りの周りに両面テープを貼り、内側からふちに向かって、うずまき状に麻ひもを貼っていく。

まき始めと終わりのひも端はボンドで固める

4 麻ひもでもようを描く

びんの下部にえんぴつでもようを描き、ボンドでなぞって麻ひもを貼る。

ボンドをつけすぎると貼りにくいよ！

麻ひもをきつくねじって貼るときれいな線になるよ

できあがり

★麻ひもを貼ると、水洗いができなくなるので、ジャムや生ものは入れないで！

Seasonal handicrafts for Kids　25

6 中級 切る+貼る+道具で作るもの Handicrafts

ペーパーマッシュで作る雑貨小もの

身近にある紙を小さく切り、のりでペタペタ貼り重ねるペーパークラフト。
夏休みの工作や、プレゼントボックスにもオススメ！

●ペーパーマッシュ

新聞紙や折り紙・包装紙など、いろいろな紙を、プラスチックやセラミックの器を型にして、貼り重ねます。ふくらませた風船を使えば、球体にも。日本の伝統工芸「張子」と同じような技法です。

design：Kumiko Suzuki

用意するもの

★新聞紙の代わりに半紙などの水が吸い込みやすく、うすい紙ならOK！表面につや加工などがしてある紙は向かないよ。

★でんぷんのりは、水でうすめて使うよ。

★家にある食器や、プリン＆ゼリーの容器、お菓子の缶など…なんでも型にして作ってみよう！

ペーパーカップの作り方

Start!

1 紙を切る

新聞紙を2×3cmくらいの大きさに切る。
★ 文字の大きさや種類がいろいろあると楽しい。
★ 写真やカラーの部分は使わない。

プリンカップは新聞紙1ページ分でできるよ

2 1層目の紙を貼る

新聞紙を3層に貼り重ねていくよ！

① 型にするプラスチックカップの内側に、水を筆でたっぷりつける。
★ 型にのりがつくと、はずしにくくなるので、1層目は水だけつける。

② 底に新聞紙を貼る。少しずつ、すき間なく重ねる。
★ 角になる部分は、空気が入らないように、爪の先や筆でしっかりとおさえる。

③ 同じように、側面にもすき間なく新聞紙を貼る。

3 全体にのりをぬる

でんぷんのりを少量の水でのばし、新聞紙にまんべんなく筆でぬる。

ぬり残しがないように全体にのばす

4 2層目、3層目の紙を貼る

① 2の②〜③を2回くり返して、新聞紙を3層貼り重ねる。

② カップのふちに新聞紙がかぶらないように、指先でまっすぐ起こしておく。

新聞紙をまっすぐ起こす

③ 1〜2日おいて、完全に乾かす。
★ 季節や天気で乾くまでにかかる時間が変わってくるよ。

28　Seasonal handicrafts for Kids

5 乾かして型からはずし、オモテ面を整える

❶ 1〜2日乾かして、完全にしめり気がなくなったら、型からはずす。

❷ はがれているところがあれば、のりをつけて補修する。また、穴が開いていたり、うすくなっていたら、新聞紙を貼り足す。

❸ ふちのギザギザした部分を、はさみで切って形を整える。

❹ ふちの切り口をはさむように、少量でのばしたのりを筆につけ、あまった新聞紙を貼る。

内側に折りこむ

1周ぐるりと貼る

6 もようを貼って、ニスをぬる

❶ 巻末のアルファベットの図案を、折り紙に写して切る。位置を決めたらウラにのりをつけ、ピンセットで貼る。

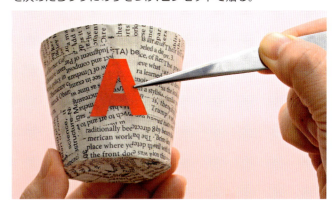

❷ オモテ・ウラの全体につや消しニスをうすくぬって乾かす。

水玉もようは穴あけパンチで折り紙を切りぬいて貼ってね

白い水玉は折り紙のウラ面を使用

→ できあがり

好きな図案でアレンジしてね！

Seasonal handicrafts for Kids

切る+貼る+ぬう・編むで作るもの Handicrafts

7 上級

麻糸(ヘンプ)とビーズで作る
マクラメ・ブレスレット

糸を結んでもようを作るマクラメは世界中で親しまれているクラフト。
ひとつの結び方でも、糸やビーズの組み合わせが、無限に楽しめる！

> ●ヘンプ
> 麻素材は、原材料によってヘンプ・ジュート・リネン・ラミーなどの種類に分けられます。ひも素材としてよく使われるヘンプは、丈夫で肌ざわりもよく、夏の手作りにぴったり！

30　Seasonal handicrafts for Kids　design：Kuma Imamura

用意するもの

画板または カッティングマットなど
木工用ボンド
はさみ
ダブルクリップ
丸玉ビーズ1個 直径10mm
ボタン 1個 直径約1.3cm
特大ビーズ 6個 直径5.5mm
麻糸（ヘンプ細） 芯用（黄）60cm 結び用（青）160cm
じょうぎ

★右の材料は、水色ブレスレット1本ができる分量。
★麻糸の代わりにレース糸など、好みの糸でもOK！アレンジ作品はP.33にあるよ。
★画板やカッティングマットに、ダブルクリップをはさんで編んでいくよ。

Start!
きほんの ブレスレットの作り方

1 芯糸にボタンとビーズを通す

❶ 芯糸（黄）60cmをボタンに通す。中央に配置して、動かないように1回結ぶ。

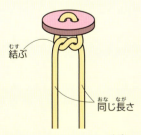

結ぶ / 同じ長さ

❷ クリップボードや画板のふちにダブルクリップをはさみ、つまみにボタンを引っかけて固定する。

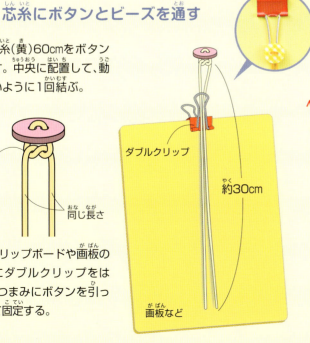

ダブルクリップ / 約30cm / 画板など

ボタンを通したらダブルクリップを下へ向ける

❸ 右の写真を参考に、芯糸にビーズを通す。

糸端をそろえてボンドで固め、ななめに切る

★テープやクリップで芯の端を固定しておくと、後の作業がしやすくなる。

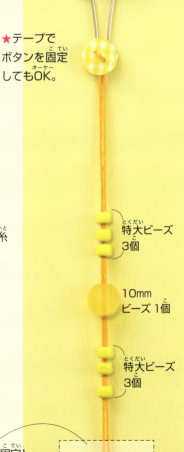

★テープでボタンを固定してもOK。
特大ビーズ 3個
10mmビーズ 1個
特大ビーズ 3個

Seasonal handicrafts for Kids

2 結び糸で左上ねじり結び

❶ 結び糸(青)160cmで、1の芯を結ぶ。

💬 分かりやすいように結び糸は左右で色を変えているよ!

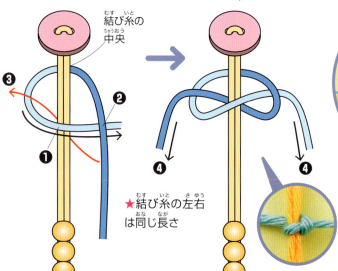

① 左糸を芯糸にのせる
② 右糸を左糸の上にのせる
③ 右糸を赤い矢印のようにくぐらせて図の位置に出す

★ 結び糸の左右は同じ長さ

④ 結び糸の両方の糸端を左右に引いて引きしめ、結び目を作る

❷ ①をくり返して4〜5目結んだら、結び目をボタンの根元によせる。
★ 結んでいくと、自然に結び目が左から右へねじれる。

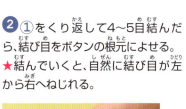

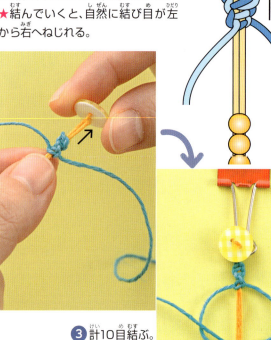

❸ 計10目結ぶ。

3 ビーズをよせて結ぶ

❶ ビーズ1個を結び目によせ、結び糸をビーズにそわせて結ぶ。

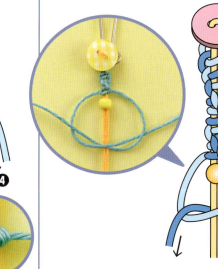

❷ 左上ねじり結びを9目結ぶ。

❸ ★【①ビーズ1個をよせて1目→②9目結ぶ】をくり返し、計7個のビーズ入れながら結ぶ。

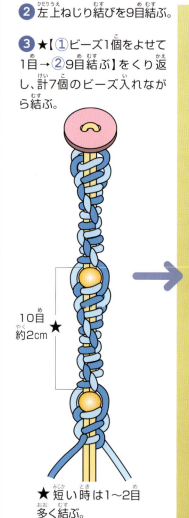

①ビーズ1個をよせて1目
②9目結ぶ

10目 約2cm

★ 短い時は1〜2目多く結ぶ。

32 Seasonal handicrafts for Kids

4 ボタン通しの輪を作る

① 左上ねじり結びを終えたら、結び糸と芯糸を1本ずつより合わせる（2組できる）。

結び糸と芯糸をより合わせた状態

② より合わせた糸を、ボタンが通る長さをあけて、ひと結びする。

（ボタンの直径分あける）1.3cm

③ 糸端をそれぞれひと結びして、よぶんな糸を切る。

5mm～1cm

できあがり

アレンジ

レース糸のブレスレット A B C

● レース糸
（オリムパス）エミーグランデ〈ハウス〉
黄(H8)・オレンジ(H9)・ピンク(H16)
芯用糸 60cm 2本
結び用糸 180cm 1本

● ビーズとボタンはきほんのブレスレットと同じ。

★ 麻糸(ヘンプ細)より細いので、芯用糸を2本にする。
★ ビーズを入れた後の結び目の数を11目にする。
★ ボタン通しの輪は結び用糸1本と芯用糸2本で三つ編みにしてからひと結びする。

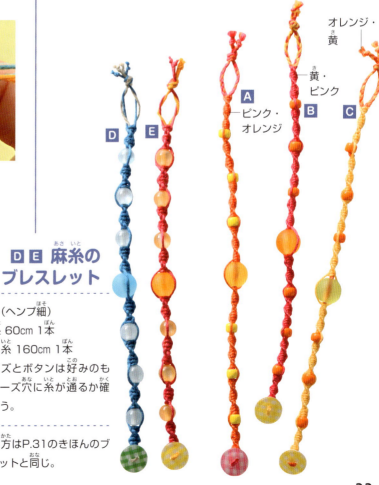

D ピンク・オレンジ
E
A ピンク・オレンジ
B 黄・ピンク
C オレンジ・黄

D E 麻糸のブレスレット

● 麻糸(ヘンプ細)
芯用糸 60cm 1本
結び用糸 160cm 1本

● ビーズとボタンは好みのもの。ビーズ穴に糸が通るか確認しよう。

★ 作り方はP.31のきほんのブレスレットと同じ。

Seasonal handicrafts for Kids

手ぬいで作る 夏祭りのきんちゃく

8 上級
切る＋貼る＋ぬう・編むで作るもの Handicrafts

夏祭りにはゆかたに合わせた、かわいい和柄のきんちゃく袋を。ふろしきや大きめのハンカチ、バンダナなどで作るとカンタンです。

季節のマメ知識

夏祭り

夏休みのお楽しみは、盆踊りや花火大会などの夏祭り。7～8月ごろ、先祖の霊を供養するためのお盆行事と結びついたお祭りが、全国各地で開かれます。

design：Yasuko Endo

用意するもの

★ひも通しは安全ピンなどで代用することもできる。飾りのビーズはチャームなど、好みのものをつけよう。

お家にある小さなふろしきやバンダナで作ってみてね！

じょうぎ

手ぬい針

まち針

水性チャコペン
えんぴつ

糸切りはさみ

飾りビーズ2個
（約11mm）

丸大ビーズ
1個

手ぬい糸
1個

ひも（5mmのコード）
60cmを2本

ひも通し器
（はさみ式）

アイロン

ふろしき（50cm角）1枚

持ち手テープ
（2cm幅の杉綾テープ）40cm1本

作る手順

ふろしきを折りたたんでポケットをつくるのがポイントだよ

前と後ろにポケットがあるから、とても便利だよ！

前ポケットにハンカチ、後ろポケットにはティッシュなど…。

三角のフタをめくると二重構造のポケットになっている。

1〜5 ふろしきを折り、二重構造の本体の形を作る

7 わき（側面）をぬう

8 マチ（底の平らな部分）を作る

9 持ち手をつける

6 ひも通しをぬう

10 ひもを通す

11 飾りをつける

Seasonal handicrafts for Kids　**35**

きんちゃくの作り方

Start!

> 玉結び→返しぬい→なみぬい→返しぬい→玉どめは、手ぬいのきほんなのでよく覚えてね！

1 ふろしきを折り、印をつける

① ふろしきを二つ折りしてアイロンをかけ中央の折り目をしっかりつける。

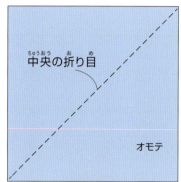

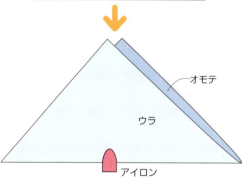

② 左の短辺を三等分して印をつける。右の短辺も同じように印をつけ、じょうぎを当て、一番上にチャコペンで線を引く。

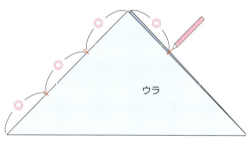

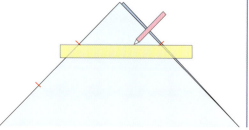

2 印をぬい合わせる

① まち針をとめる。

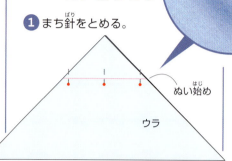

② 印の線をなみぬいをする。糸の長さを50cmに切って玉結びをする。ぬい始めにひと針返しぬいをする。
★玉結びと玉どめは巻末参照。

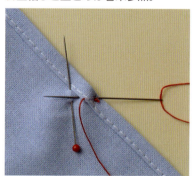

返しぬい（ぬい始め）

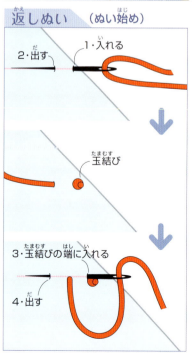

③ 印に沿ってまっすぐなみぬいする。

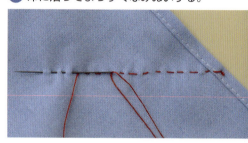

なみぬい

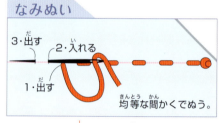

均等な間かくでぬう。

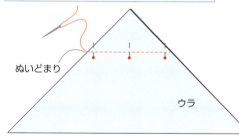

④ 最後のぬい目まできたら、ぬい始めと同じようにひと針返しぬいをして玉どめをし、糸を切る。

返しぬい（ぬいどまり）

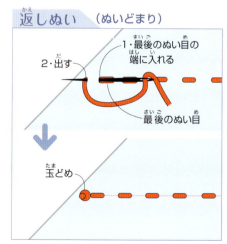

36　Seasonal handicrafts for Kids

3 ぬい目を中央に合わせてたたむ

❶ 三角形の先の★印を持つ

❷ ふわりと筒状になった部分に手を入れてふくらませ、中央におろす。

❸ 中央の折り目と、ぬい目をそろえて、形を整える。

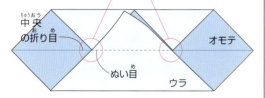

❹ ぬい目をひらいて、ぬい目の上にだけアイロンをかける。

三角の部分がポケットのフタになるよ！

4 オモテにひっくり返す

❶ 筒状の中に手を入れて、★印をつかみ、ゆっくりとひきぬく。

★をつかんで内側に入れこむ。

引きぬく

❷ オモテに返したところ。内側になったぬい目を開いて全体にアイロンをかける。

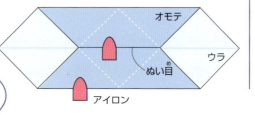

5 二つ折りにしてぬう

❶ 外向きに二つ折りにしてアイロンでしっかりおさえ、折り目をつける。

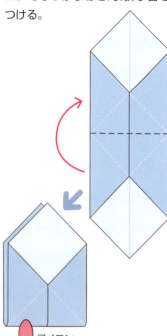

アイロン

❷ 折り目にチャコペンで印をつけて、まち針でとめる。

❸ ❷と同じように、印をまっすぐぬい合わせる。布が3枚重なっているので、ずれないようにゆっくりぬう。

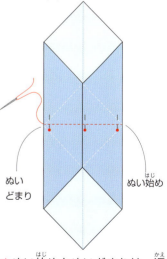

ぬいどまり　ぬい始め

★ぬい始めとぬいどまりは、返しぬいをする。

Seasonal handicrafts for Kids　37

6 ひも通しをぬう

1 ★印から2.5cm下で折ってアイロンをかける。反対側も同じように折る。

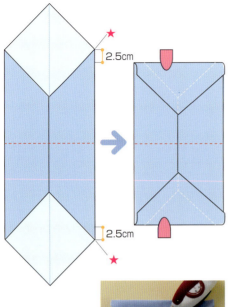

2 図のように上から1cmと1.5cmのところにチャコペンで印をつける。下も同じようにつける。

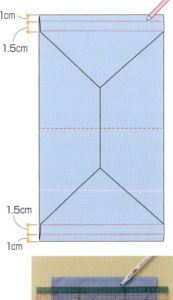

3 まち針をとめ、印にそって1列ずつぬう。ぬい方はP.36 2 を参照。

★ぬい始めとぬいどまりは、返しぬいをする。

布が3枚重なっている部分があるので、ずれないように、ゆっくりていねいにぬう。

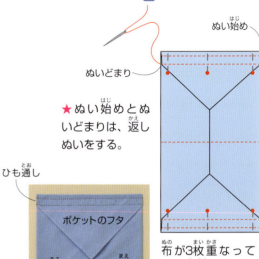

7 わき（側面）をぬう

1 6を図のようにポケットのフタが内側になるように二つ折りして、重ねる。

2 ぴったり重ねたらわきをまち針でとめて、チャコペンで図のように印をつける。

ここはカーブするように書く

3 印にそってなみぬいで細かくぬう。ぬい方はP.36 2 を参照。

★ぬい始めとぬいどまりは、2～3日返しぬいをするとしっかりする

反対側も同じようにぬう。

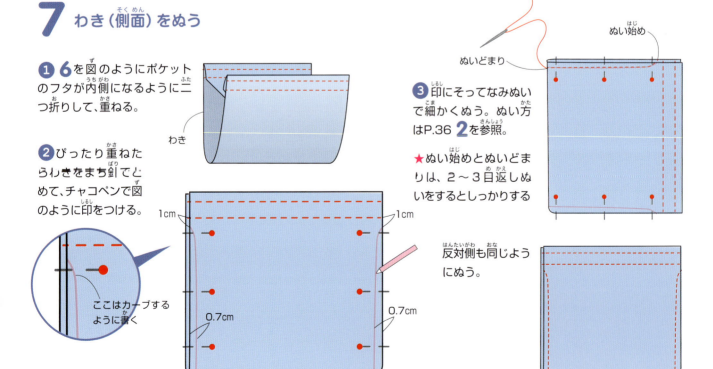

8 マチ（底の平らな部分）を作る

マチとは

きんちゃくやバッグの底の平らな部分をマチという。

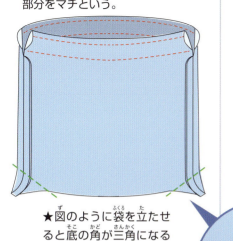

★図のように袋を立たせると底の角が三角になる部分をぬってマチを作る。

マチは布が重なって分厚くなっているから、少しずつぬおう

① 写真のように袋をたたむ。わきの中央のぬい目から左右4cmの幅になるところにチャコペンで印をつけ、まち針でとめてぬう。

② 反対側も同じようにぬう。

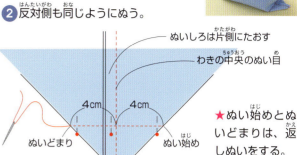

- ぬいしろは片側にたおす
- わきの中央のぬい目
- 4cm　4cm
- ぬいどまり　ぬい始め

★ ぬい始めとぬいどまりは、返しぬいをする。

③ ぬった三角部分は底側にたおして、軽くアイロンをかける。

マチをぬって立たせたところ

9 持ち手をつける

① 35cmに切った持ち手テープを、ひも通しの下側にまち針でとめる。下側のぬい目と同じ位置にしっかりとぬいとめる。

② 持ち手テープを垂直にあげ、上側のぬい目と同じ位置にぬう。はずれないように返しぬいをする。

③ 反対側も、同じようにぬいとめる。

④ オモテに返して、アイロンをかけておく。

本体ができたよ！あともう一息、がんばって！！

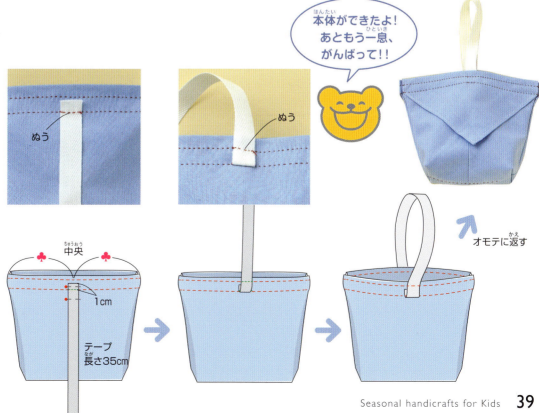

オモテに返す

Seasonal handicrafts for Kids

10 ひもを通す

❶ 60cmのひもを2本用意する。

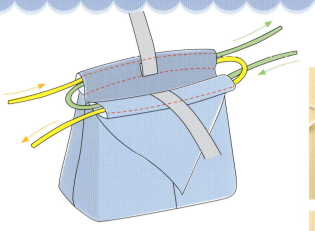

❷ ひも通し器にひもの先端をはさみ、図のように2本のひもを交互に通す。
★ひも通しがない場合は、安全ピンやヘアピンを代用する。

❸ 両端のひもの先をかた結びする。

ひも通しと飾りをつけたらおわりだよ!

11 飾りをつける

できあがり

ひもをしぼらなければミニトートに…ふだん使いにも。

丸大ビーズ
飾りビーズ

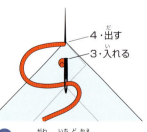
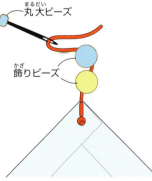
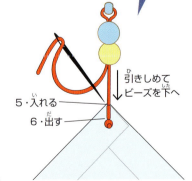

❶ 糸は2本どりにして、糸端に玉結びをする。ポケットのフタの角から図のように針を出す。

❷ ウラ側で一度返しぬいをする。

❸ 飾りビーズ2個、丸大ビーズ1個を通す。

❹ もう一度飾りビーズに戻り針を通す。針をフタの角に刺し、糸を引きしめて、ビーズを寄せる。再び返しぬいをして玉どめをする。

40 Seasonal handicrafts for Kids

用意するもの

★ここではグログランリボンを使っていますが、プレゼントやお菓子のリボンなど…お気に入りのリボンでもOK！

★刺しゅう糸がない場合は、手ぬい糸（2本どり）でもOK！
★ビーズは色落ちしやすく穴の大きさが揃わないものがあるので、なるべく日本製のものを選ぼう！

- じょうぎ
- チャコペン
- 25番フランス刺しゅう糸 3色 各1束
- 手ぬい糸（50番）
- フランス刺しゅう針（5番）または手ぬい針
- まち針
- 糸切りはさみ
- オレンジ 7mm幅 1m
- ミントグリーン 1cm幅 50cm
- ピンク 1cm幅 1m
- グレー 1.5cm幅 50cm
- グログランリボン
- 丸大ビーズ 黄（402）約15個 ピンク（911）約26個
- Tシャツ1枚

★糸や針は色や太さが合えば手持ちの用具を使用しよう
※ビーズ：TOHO・丸大ビーズ。（00）は色番号。

刺しゅうのきほん

始める前に…使う糸を2本どりにして針に通し、丸大ビーズに通るか確かめておこう。

2本どり

25番刺しゅう糸のあつかい方

6本の細い糸がより合わさった25番刺しゅう糸。この細い糸を、使う本数だけ引きぬいてそろえ、針に通して使う。必要な糸の本数は「2本どり」というように表す。

① ラベルを押さえて糸端を引き出し、約50cmの長さに切る。
★長すぎると、糸がからまるので注意。

② 6本の束から、使用する本数を1本ずつ引きぬき、糸端をそろえ直す。

糸の通し方

① 糸端を針に当てて折り、指でしっかり押さえて、矢印の方向に針を抜く。

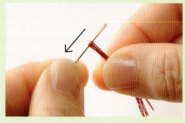

② 糸の折り山を針穴に押し入れ、片端を針穴から引きぬく。

約10cm

リボンとビーズでTシャツリメイク

Start!

1 リボンの位置を決める

① Tシャツを平らに広げて置き、リボンの位置を決めてまち針で仮どめする。

② 両端は3～4cm残して切る。

③ リボン結びの位置を決める。結び目がくる位置は、2cmあけて、25cmの長さで切る。

④ リボン結びの位置から25cmの長さをとっておき、左端までとめる。

⑤ リボンの下端にそって、3cmぐらいの間かくで、チャコペンで印を書く。

⑥ 全ての印を書いたら一番下のリボン以外ははずしておく。

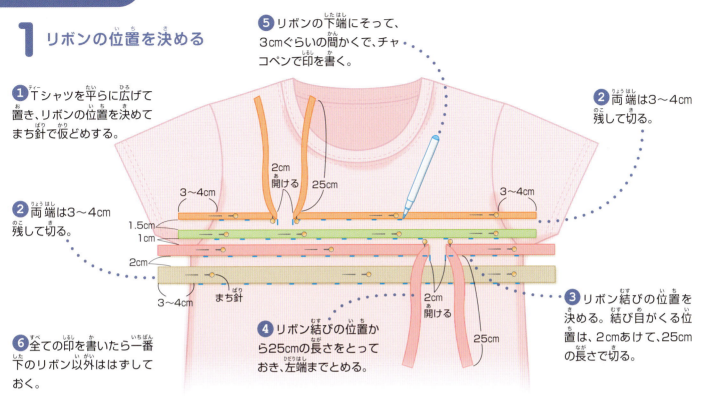

2 一番下のリボンをまち針でとめる

① 一番下のリボンに、まち針の頭を上にして、中央（①）をとめてから、両わきと中央の間（②～⑤）を均等にとめる。

② 両端を1cmずつ残して切る。リボンのウラ側へ1cmずつ折りこんで、まち針でとめる（⑥・⑦）。

★ リボンの両端は1cm折りこむ。

Seasonal handicrafts for Kids　43

3 リボンをぬいつける

ぬい始め…下の右端の角からぬう

① 刺しゅう糸（50cm・2本取り）を針に通し、玉結びをする。
★ 刺しゅう糸の代わりに、手ぬい糸2本どりでぬってもOK。
★ 玉結び・玉どめは巻末参照。

② 左手をTシャツの中に入れ、リボンをすくって玉結びをリボンのウラに出す。

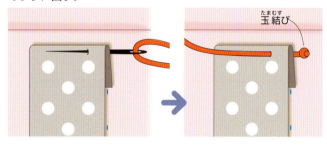

③ 下図の本返しぬい（ひと針ずつ戻って返しながらぬうぬい方）で、リボンとTシャツをぬい合わせる。リボンの上端までぬう。

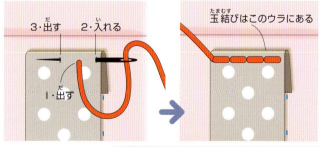

上の右端から左端までぬう

④ Tシャツの向きを変えて上端をなみぬいする。自分のペースでひと針ずつていねいにぬっていく。

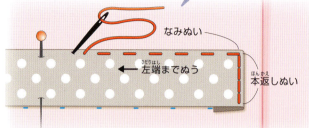

⑤ まち針の位置までできたらいったんとまり、まち針をはずしながら左端までぬう。

左端の上の角から下の角までぬう

⑥ 右端と同じように、リボンの端を1cm折りこみ、本返しぬいでぬう。
★ ぬいどまりはTシャツのウラで玉どめをする。

下の右端から左端までぬう

❼ まち針の頭を下にして、❸の④と同じようにとめる。新しい刺しゅう糸を針に通して玉結びを作る。

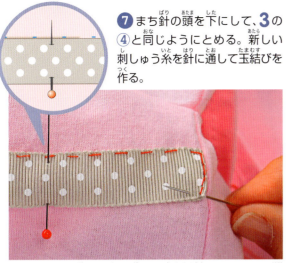

❽ リボンの右端の下の角から一目分先をすくって、針をオモテに出す。次に下の角から出し、一目返しぬいをする。

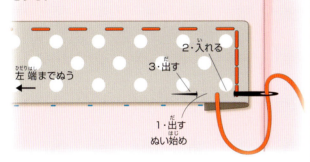

❾ まち針をはずしながら、左端までなみぬいする。ぬいどまりは、Tシャツのウラで玉どめ。

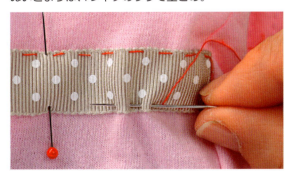

❿ 一番下のリボンのぬいつけができたよ。

4 2本目のリボンとビーズをぬいつける

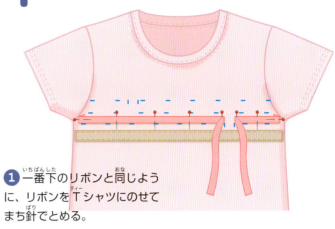

❶ 一番下のリボンと同じように、リボンをTシャツにのせてまち針でとめる。

ぬい始め…下の右端の角からぬう

❷ 50cmの刺しゅう糸（2本どり）を針に通し、玉結びをする。ぬい始め位置に針を出す。本返しぬいで上の角までぬう。

❸ ビーズ1個を針に通し、一目ぬう。

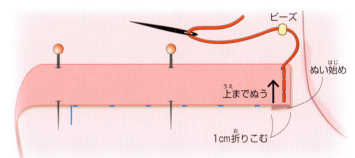

上を右端から印までぬう

❹ つづいて3目なみぬいをし、次の目でビーズを通す。もう1回くり返す。

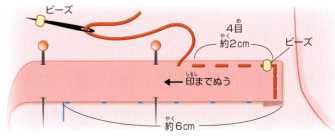

Seasonal handicrafts for Kids 45

左の印までぬう

5 リボン結びの印までぬったら、下まで本返しぬい。
★ぬいどまりはTシャツのウラで玉どめをする。

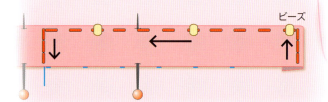

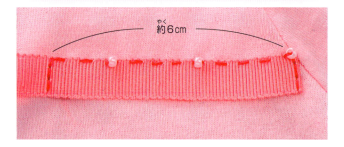

右端から左の印までぬう

6 ぬい始め位置に針を出して、ビーズを1個通して1目返しぬい。続いて3目なみぬいをし、次の目でビーズを通す。

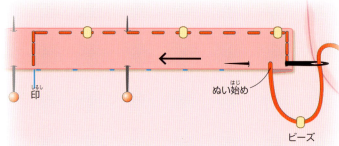

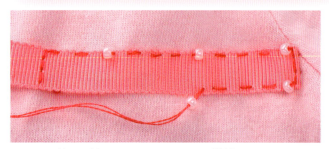

7 もう1回くり返す。ぬいどまりでひと針返しぬいをしてTシャツのウラで玉どめする。

8 同じように4の①〜⑦をくり返して、左側のリボンにもビーズをぬいつけていく。

5 残りのリボンをぬいつける

1 上のリボンは4と同じようにビーズを上端のみ、ぬいつける。2段目のリボンは3をくり返してぬう。

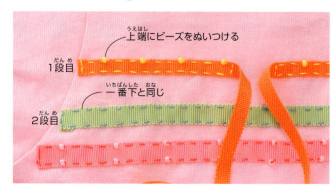

2 リボンを結び好きな長さで切る。

★洗濯するときは…
Tシャツをウラ返してネットに入れて短時間、少なめの洗剤で洗うとビーズが長持ちするよ。干すときは陰干しにしてね。

46　Seasonal handicrafts for Kids

ちょっとアレンジ ひと工夫
山道テープをビーズでつけてみよう

くねくねした峠道のような山道テープは、その形に合わせて、ジグザグにぬっていくよ。

まち針でかりどめ

Tシャツに山道テープを重ね、**2**と同じように、まち針でかりどめする。

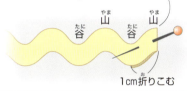

★まち針の頭を上にしてとめる。

ぬい始め…端をぬう

① 手ぬい糸を針に通して、玉結びを作る。

② テープのぬい始め位置のウラから針を入れ、オモテに出す。

★玉結びは、テープのウラにかくれる。

③ 1針返しぬいをして、ぬい始めと同じところに針を出す。

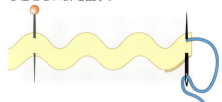

上をぬう

① ぬい始めの「山」の少し横から針を入れ、「谷」に針を出す。

② 「谷」の少し横から針を入れ、となりの「山」に針を出す。

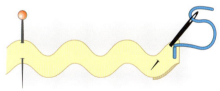

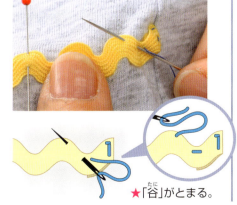

★「谷」がとまる。

③ ビーズ1個を針に通し、1針ぬってとなりの「谷」に針を出す。

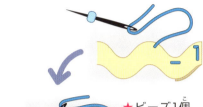

★ビーズ1個の幅分横に針を入れる。

★ビーズ1個がついて、「山」がとまる。

④ ②・③をくり返してジグザグに進み、左端を返しぬいをして玉どめする。

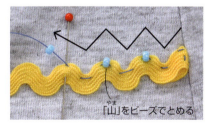

「山」をビーズでとめる

下をぬう

上と同じように、「山」をビーズ1個でとめながら、テープ下をジグザグにぬう。

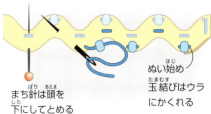

まち針は頭を下にしてとめる

ぬい始め

玉結びはウラにかくれる

Seasonal handicrafts for Kids　47

ミシンなしでかんたん！季節の手芸 夏

PROFILE プロフィール

C・R・Kdesign シーアールケイデザイン

グラフィック＆クラフトデザイナー：北谷千顕・江本薫・今村クマ・遠藤安子・すずきくみ子・吉植のり子・小泉貴子・大竹和恵によるデザインユニット。自由な発想の手づくりアイデアは無限大。企画、作品制作、ブックデザイン、編集、コーディネートまで幅広く活動中！　著書に「ビーズの縁飾り Vol.1 〜 3」「麻ひもと天然素材のクラフト BOOK」「ビーズがかわいい刺繍ステッチ 1・2」「ネコ暮らしネコ遊び」（共にグラフィック社）、「ビーズを編み込むすてきアクセサリー 1・2」（高橋書店）など。海外版も多数。
手芸の展示会やワークショップを開催し、手づくりの楽しみを伝える活動もしている。

http://www.crk-design.com/
ブログ http://crkdesign.blog61.fc2.com/

STAFF スタッフ

作品デザイン＆作品制作：C・R・Kdesign
（遠藤安子　すずきくみ子　小泉貴子　大竹和恵　今村クマ）
撮影：大滝吉春（studio seek）
プロセス撮影：末松正義
スタイリング：C・R・Kdesign
モデル：Sumire Samantha Murai Jones
ヘアメイク：大城梨恵
HOW TO 編集＆イラスト：
今村クマ　大橋和枝　梶山智子
ディレクション＆ブックデザイン：C・R・Kdesign

道具＆素材協力

● クロバー株式会社　http://www.clover.co.jp/
● オリムパス製絲株式会社　http://www.olympus-thread.com
● サンフェルト株式会社　http://www.sunfelt.co.jp/

著　者　C・R・Kdesign
発行者　内田克幸
編　集　大嶋奈穂
発行所　株式会社　理論社
　　　　〒101-0062　東京都千代田区神田駿河台 2-5
　　　　電話　営業 03-6264-8890
　　　　　　　編集 03-6264-8891
　　　　URL　https://www.rironsha.com

2017 年 9 月初版
2022 年 8 月第 4 刷発行
印刷・製本　図書印刷

©2017 C・R・Kdesign, Printed in Japan
ISBN978-4-652-20203-6　NDC594　A4変型判　27cm　47p

落丁・乱丁本は送料小社負担にてお取替え致します。本書の無断複製（コピー・スキャン、デジタル化等）は著作権法の例外を除き禁じられています。私的利用を目的とする場合でも、代行業者等の第三者に依頼してスキャンやデジタル化することは認められておりません。

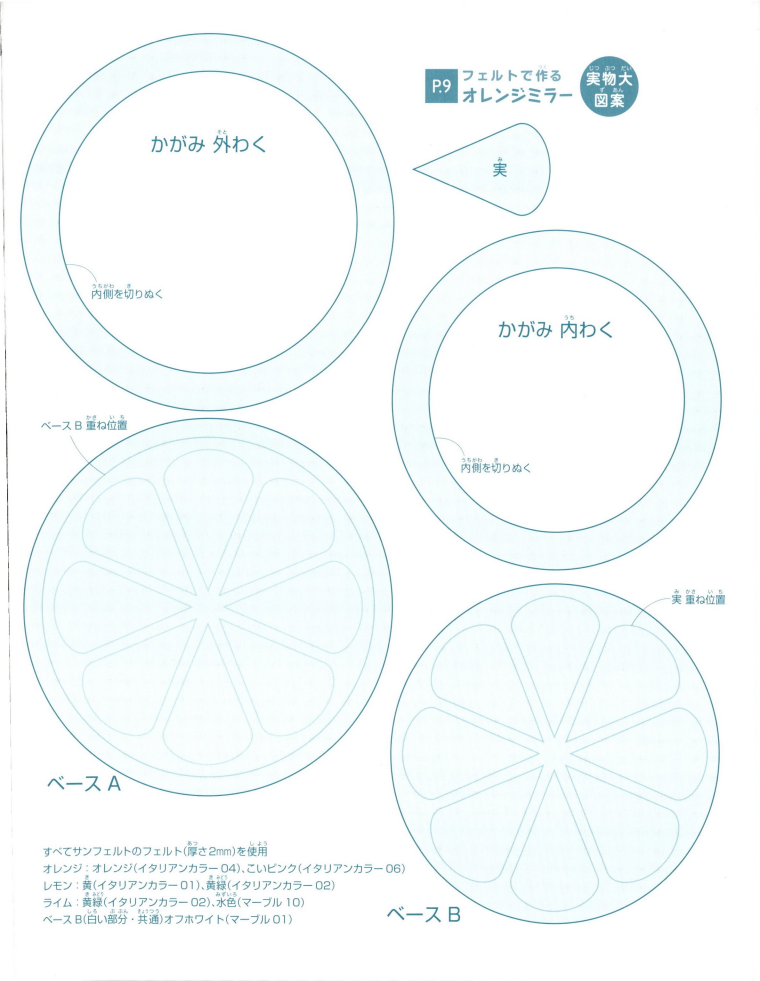

P.26 ペーパーマッシュで作る 雑貨小もの

実物大図案

★内側を切りぬく図案は1か所切りこみを入れると切りやすくなるよ！

切りこみ 切りこみ

切りこみ

切りこみ

切りこみ

手ぬいのきほん

玉結び

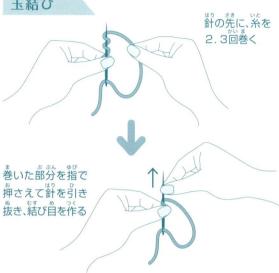

針の先に、糸を2.3回巻く

巻いた部分を指で押さえて針を引き抜き、結び目を作る

玉どめ

ぬい終わった針を、ぬい終わりに当てる

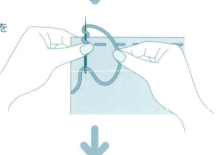

針先に糸を数回巻く

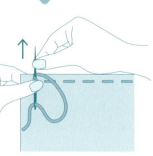

巻いた部分を指で押さえて針を引き抜き、結び目を作る